JN438536

여로旅路, 황금빛에 감기다

여로旅路,
황금빛에 감기다

신아출판사

시인의 말

We are the world. 지구촌이라는 말이 회자膾炙되는
글로벌시대 해외여행이 일상화된 때다.
팬데믹의 불운이 생활의 궤도를 벗어나 발걸음을
멈추게 했다. 자기 의지의 행동에 제약을 받게 될 때
사람들은 무엇을 생각하게 되었을까?
인간과 신과의 二分法的 관계? 더 나아가 인간 자연
신과의 三分法的 관계를 생각하게 되었을까?
인본주의의 끝없는 욕망이 초래한 자괴감自愧感은 자연과 신
앞에 용서와 회개의 글이 지면으로 표출되기도 한다.
소돔과 고모라 성의 심판을 여러 상황에서 두려움을
느끼는 대화로 이어지기도 한다.

백신이 공급 중이지만 아직은 불가항력 속수무책으로
확진자 수는 上向曲線으로 달리고 있다.
이러한 때 정적 침묵의 시간에 묻혀 지나간
旅路의 詩와 사진을 찾아내게 되었다.
한 가지 일을 마쳤으니 이제 다시 또 다른 글감을
붙잡고 시지프스의 언덕으로 오를까 한다.

2021년 여름
맹숙영

SANS, SOUCI.

제2부

Blue Domed Church
- Santorini Island, Greece

제3부
Jordan river, Jordan

제4부
The Trulli of Alberobello, Italy

제5부
Entrance of Petra, Jordan

여로旅路, 황금빛에 감기다

SANS, SOUCI.

제1부

SANS, SOUCI Palace, Berlin

ALEXAN·VII·P·M

부활의 아침

미사 예배 후, 성도들과 인사하는 교황(2019)

부활의 아침

Hallelujah!
부활 승리
놀라워라 주님의 권능!
죽음의 권세 이기셨도다
하늘엔 영광 찬란
땅 위의 기쁨
온 누리 충만하도다

베드로성당 광장

2019년 4월 부활주일 로마 성 베드로 성당 광장

피에타 Pieta

피에타Pieta : 미켈란젤로의 대표 조각 작품
로마 바티칸 박물관 소장

피에타 Pieta

높고도 깊은 그 성결함이여
지고지순至高至純으로 승화된
고통의 늪엔 당신의
사랑만이 깃드려 있습니다
십자가에 달리신 아들의
시신을 끌어내려 무릎 위에 올리고
죽음까지도 품어 안은 어머니의 팔은
연약함이 아닌 지극한
모성애의 강한 의지입니다
절대 믿음입니다
참혹한 고통 그 처절한 절규는
비탄을 넘어 삶과 죽음의
간극 사이로 흐르는
깊은 기도의 묵상입니다
안으로 안으로만 삼키는 붉은 핏물
온몸으로 흘러내려
당신의 옷자락이 보혈로 물듭니다
애절하고도 숭고한 사랑이여
고요와 평안으로 마침내
영혼의 바다에 빛으로 흐릅니다

베드로 성전 Vatican

천상의 꽃길

가보셨나요 베드로 대성당
세상에서 제일 크고
세상에서 가장 아름답습니다
모든 대리석이 마치 실크 천에
가는 명주실로 수 놓은 듯 그 섬세함이
아름다움의 극치입니다
피에타 상 성모님 대리석 치맛자락도
실크 천에 흘러내린
자연 주름으로 보입니다
발걸음 옮길 때마다
천상의 꽃길을 걷는 것 같습니다
성전 안이 황금빛으로
눈부십니다
경이롭고 감격스럽습니다
성령의 감동입니다
신이 함께 계신 은혜 충만합니다

빛으로 눈부신 베드로성당 내부

BENEDICTVS XIII P. M.

베드로성당 천장

TAXI

역사의 도시
– Rome

로마

로마 1

삼천 년 역사 빛나는
고대 이탈리아 수도
유럽뿐 아니라 지중해
세계의 패자霸者되어
거대 제국으로 문화 수준 높인
르네상스의 중심지
로마군대 밟고 지나가면
핏빛으로 물든다던 땅
오늘날엔 세계 관광객들
저마다 꽃을 들고
웃으며 밟고 지나간다

로마 시내

로마 2

걸어가는 발밑
거의 모든 땅이 유물유적
도시 전체가 볼거리 많은
지붕 없는 박물관 보물창고

지상에서 신들이
가장 선호하던 땅이었나 보다
시오노 나나미[1]에 의하면
많을 때는 삼십만의 신들이
살고 있었다던 경이로운 곳

'모든 길은 로마로 통한다'[2]
'로마는 하루아침에
이루어지지 않았다'
'로마에서는 로마의 법을'
인구에 회자膾炙되는
말도 수없이 많은 도시다

1) 로마인 이야기의 저자
2) 프랑스 작가 라퐁텐이 우화에서 한 말

개선문

로마 유적지

로마 유적지

행운의 동전
– 트레비분수 Fontana di Trevi

양옆에 해신海神 거느리고
조개 밟고 선 넵튠[1)]
위풍당당하다
16세기 교황 파우스 5세가 개축한
연못 속엔 세계 각국의 동전들이
저마다 햇빛을 입고
자기별로 빛나고 있다
맑은 물 속엔 '로마의 휴일'의
청순미 햅번과 그레고리 팩의 영상
물그림자 속에 얼비치기도 하는 듯
사랑하는 이여
그 날이 언제가 될까
물속 동전이 가져다 줄
행운의 그 날이

1) 바다의 신, 그리스 신화에선 포세이돈이라 함

낮엔 태양빛에 황홀한 풍경
밤엔 환상적인 야경이 매혹적인 곳
하얀 대리석 건물 아래 돌 사이로
천 년 이천 년 흘러내린 한 방울 물
전쟁에서 귀향한 병사들에게
마른 입술 축여 준 처녀의 손길이
전설이 되어 분수로 만들어진 트레비

스페인 광장 Piazza di Spagna
– Roma, Italy

흔들리는 꽃계단

화려하고 감각적이네요
십팔 세기 유럽 복식 로코코 스타일
스페인 광장엔 3개의 테라스
그 아래로 내려온 계단
영화 '로마의 휴일'에서
오드리 햅번이 아이스크림 먹다
유명세를 탄 곳이죠

교황께서도 즐겨 드신다는
그 아이스크림 우리도
하나 씩 손에 들고
달콤함을 맛보며 미소로 젖네요
아들이 사준 유명브랜드 스카프
쇼핑 백 손에 들고
명품가를 즐겁게 걸어요

당대의 최고 예술가들
바이런도 키츠도 바그너 괴테도

즐겨 찾던 곳 이제는
유명인사들 흔적도 보이지 않지만
계단에 앉아 있는 사람들
화려하게 핀 꽃 속에 꽃이 되어
바람으로 함께 흔들리네요

스페인광장

오벨리스크 Obelisk

로마제국 당시 이탈리아가
이집트에서 십 여개를 옮겨온 이것은
고대 이집트 19왕조
파라오 람세스 2세
그때 만들어진 기념건조물입니다

모양은 피라미드형으로 4개의 면이
이십일 미터나 더 높고
위로 올라가면서 더 좁아집니다
백팔십 톤이나 되는 이 엄청난 무게는
재료는 붉은색 화강암으로 만들어졌고
몸체의 사면에는 태양신에게 바치는 헌시
또는 왕의 생애를 기리는 내용이
상형문자로 기록되어 있습니다

베드로 성당 앞
바티칸 광장에 우뚝 솟아
강제로 끌려왔지만 자국의 위용을
아이로니컬하게도
타국의 가장 위대한 성지에서
당당하게 면모를 떨치고 있습니다

기념비적 건물
– 콜로세움[1] Colosseum

하늘과 땅 그 가운데 거대하고
웅장하게 버팀목으로 서 있는 둥근 건물
이천 년도 더 전 고대 로마인들이 세운
로마의 랜드마크 원형경기장 유적이다
현대기술이 따를 수 없는 그들만의 건축공학
시 공간을 제압한 뛰어난 경기장은
티투스 황제 때 완성된 기념비적 건물이다

십만 노예의 피땀과 권력과 영광의 잔혹사
4층으로 된 원형경기장은 층마다
양식이 다르고 관람객의 신분도 다르게 배치
중후한 건물에 아름다움을 더했다
글래디에이터[2]와 맹수의 경기가 시작되면
한쪽이 죽어야 끝나는 피의 함성 울리던 곳

그후 시간의 변천과 더불어 지진과 화재 등
건물의 파괴는 인간의 욕심을 부추기어
건축자재를 마구 파헤쳐 오늘날엔 뼈대만 공허하다
명성은 지구촌 땅끝까지 세계인의 발걸음
동트기 전부터 앞다투어 꼬리줄 서서 기다린다

1) 고대 로마의 최대 원형경기장
2) 검투사

콜로세움

글래디에이터 Gladiator

글래디에이터 두 사나이
어두운 건물 안 경기장 대기실
삶과 죽음의 갈림길에서
서로 정반대의
다른 생각에 잠겨 있다
악몽을 꾸고 있는 것일까
그렇다면 어서 깨어나라
눈앞에 어른거리는 피바다
한 치의 양보가 있을 수 없는
죽음의 검은 휘장을 본다
오직 살아야 한다는 생각만이
각자 머리 속 우주를 가득 채운다
살기 위해 죽여야 한다 오로지
그 생각에 솜털마저 아우성치며
무언의 함성으로 일어서고 있다
자비를 베푸소서
누가 살아남을 것인가
신의 뜻은 누구에게
신의 뜻은 어디에
왕의 엄지손가락은
올라갈 것인가 내려갈 것인가

콜로세움 광장

전설의 도시 1
– Pompeii

잃어버린 도시 1

저 다리를 건너 타임머신 타고
삼천 년 전으로 거슬러 올라가 본다

지금은 역사 속으로 묻혀진
비극의 참상으로 잠자는 도시가 된
잃어버린 도시 볼케노 폼페이

고대 로마의 번화繁華와
화려를 누렸던 휴양지
부자들과 귀족들의 휴식을 누리던
사치와 부요 환락의 쉼터

불운의 검은 그림자는 아무도 모르게
베수비오Vesuvio 산으로부터 발생
세계 역사상 최대의 화산 폭발을 일으켰다

도시는 한순간 바람처럼 사라져 버리고
살아있는 이야기들 안타깝게도
주절주절이 전설이 되어 버렸다

품페이 공연장

전설의 도시 2
– Pompeii

품페이 유적지

잃어버린 도시 2

펄펄 끓는 용암 덩어리
불타는 불덩이의 붉은 혓바닥
마법의 혀인가
소돔과 고모라의 악의 꽃인가
가릴 것 없이 모두를 삼켜 버린다
뿜어나온 화산재에
도시는 흔적도 없이
깊숙이 묻혀버렸지만
불타는 붉은 입 속으로
폼페이 도시는 삼켜지고
광활한 폐허만이
언제 무슨 일 있었더냐는 듯
시치미를 떼고 의연하다
지상 최대의 비극의 현장
안타깝고 처참한 현실에
살아있는 사람의 벌어 진 입
다물어지지 않는다
무섭고도 놀라운 일
아 잃어버린 도시는 어디로

유적지

화석

바티칸 시국 State of the Vatican City

가장 작지만 가장 크다

나라 안의 도시
도시 안의 국가
이탈리아 수도 로마 시
시 안에
인구 800명의 나라
도시 전체가 유네스코
세계유산으로 지정된
독립 주권 국가이다
로마 교황을 원수元首로
카톨릭교의 총 본산이다
세계의 정신적 지주支柱
가장 작지만 가장 크다
이 국가에서
아기 울음 소리 나면
아 어찌하리
세계가 경악하고 좌절한다
국민은 오직
신부와 수녀만이기 때문

천국의 열쇠

천국 열쇠

예수님은 '천국열쇠'를
누구에게 줄까 고민하시다
가이사랴 빌립보 지방에서
제자들에게 질문 하셨네

'사람들이 인자를 누구라 하느냐'
세례요한 엘리야 선지자 등등
여러 대답 있었지만 시몬 베드로는
'주는 그리스도시요 살아계신
하나님의 아들'이라고 대답했네

'바요나 시몬아 네가 복이 있도다
내가 천국열쇠를 네게 주겠다' 하시며
베드로에게 천국열쇠를 건네주셨네
믿음이 내리는 아름다운 장면이네

천국의 열쇠

제2부

Blue Domed Church - Santorini Island, Greece

멈추어선 시간의 자리
– 로텐부르크 Rothenburg, Germany – 1

이 길은 로맨틱 가도
로마로 통하는 길
뮌헨에서 로텐부르크까지
아우토반 무한 질주해도
바람의 날개 부드럽고
햇살 너울 쓴 꽃구름도
환한 웃음 머금고 따라온다
끝없이 펼쳐진 초원의 양떼들
스쳐가는 푸른 숲 붉은 벽돌집
오 햇빛살 차 안으로
쏟아지는 성채
타임머신 타고 날아온 듯
로텐부르크 동화 속 환상의 마을

Rothenburg
ob der Tauber

로텐부르크 Rothenburg－2

숲 속 붉은 집의 성벽 안 도시
중세의 시간에서 멈추어선 자리
고풍스럽고 우아한 세계문화유산
세월 피하고 문명의 발달 외면한
어느 곳이나 다 인증 샷 하고 싶은
아름다운 포토 존

돌 성벽에 중세 비밀 묻어 두고
골목길엔 따뜻한 불빛 익어간다
고즈넉한 숨결이 쉼을 얻고
그림 같이 서 있는 쌍두마차 올라타
고색 짙은 도시 한 바퀴 돈 후
최첨단 디지털 온 오프 라인 시공간으로
달려 나갈 시간 재촉하며 차에 오른다

로텐부르크 돌성벽

로텐부르크 구시가지 숲속마을

로텐부르크 시청

로텐부르크 골목길

슈바빙의 조형물 워킹맨

슈바빙 Schwabing Bezirk

가보고 싶은 곳 생각나는 사람
독일 뮌헨의 슈바빙 거리
오늘 이 거리에
비가 내린다
길게 뻗어있는 익숙한
미루나무 사이를 걷다보면
엄청 키가 큰
워킹맨을 지나치게 된다

명륜동 성균 캠퍼스에서
긴 치마와 머리에 스카프 늘어뜨린
종종 스치던 전혜린 교수
그의 수제자 나의 절친 김종희 박사
대를 이어 뮌헨대학에서 수학하며
이 거리를 사랑한 사람들
그리고 함께 걷는 윤 장로님
윤성호 박사 백은경 박사
나 또한 이 거리를
늘 기억 속에 담고 있다

이미 오래 전
세상 등진 전혜린
그리고 아무 말도 하지 않았다

뮌헨 시청

독일 뮌헨시청

뮌헨시청 인형극

베스트 1위의 도시
– Munchen, Germany

세계에서 가장 살기 좋은
도시로 뽑히기도 한
독일에서 세 번째 큰 도시
정치 경제의 중심이지만
평화롭고 조용하다
수백 년 동안 이곳을 대표하는
마리엔프라츠Marienplatz 광장
중심엔 뮌헨시청 신청사가 있다
2차 대전 당시 이곳의 건물 거의 모두
파괴 되었지만 재건축한 건물이다

뮌헨을 대표하는 건축물
이 청사의 명물을 보기 위해 아침부터
관광객들이 모여들기 시작하면
시청 탑에선 인형극이
하루에 세 차례 실현 된다
1568년 윌리엄 5세 왕과 레타나의
화려한 결혼식 재현 모습을
실물 크기의 모습으로 보여 준다
근처엔 뮌헨의 오리지널 재래시장

픽투알 마케트는 중세로부터

사람들의 발걸음 붐비는 곳이다

뮌헨 구시청

영국정원
– Munchen, Germany

물과 도시가 공존하는
독일 제 3의 도시
뮌헨을 가로질러 흐르는
아름다운 이자르강 늪지에
만들어 놓은 영국정원
타국에 조성된 공원으로는
세계적으로 가장 큰
도심 공원이다

오후가 되면 관광객은 물론
현지인들이 찾아와 휴식을 즐기는
인기 많고 사랑 받는 곳
공원 안의 호수에서 배를 즐기고
여름엔 중국탑 앞에 수천명 모여
맥주 축제가
벌어지는 Biergarten
Englischer Garten이다

영국정원의 중국탑

HB

독일 뮌헨의 영국정원

옥토버페스트 Octoberfest
- Beer Festival, Munchen

흘러넘치다

세계 3대 축제 중
하나인 맥주축제
인근 도시와 나라에서
이 축제를 일 년 기다려 왔다
지금은 많이 사라졌지만
독일인들 남녀 아이들까지
온 가족이 전통의상 차림으로
아침 일찍부터 서둘러 모인다
곳곳마다 이미 사람들
손에 손에 치켜든
대형 맥주 잔에선
맥주 거품 흘러 넘치고
파안대소 웃음소리
그칠 줄 모른다
인생도 흘러 넘친다

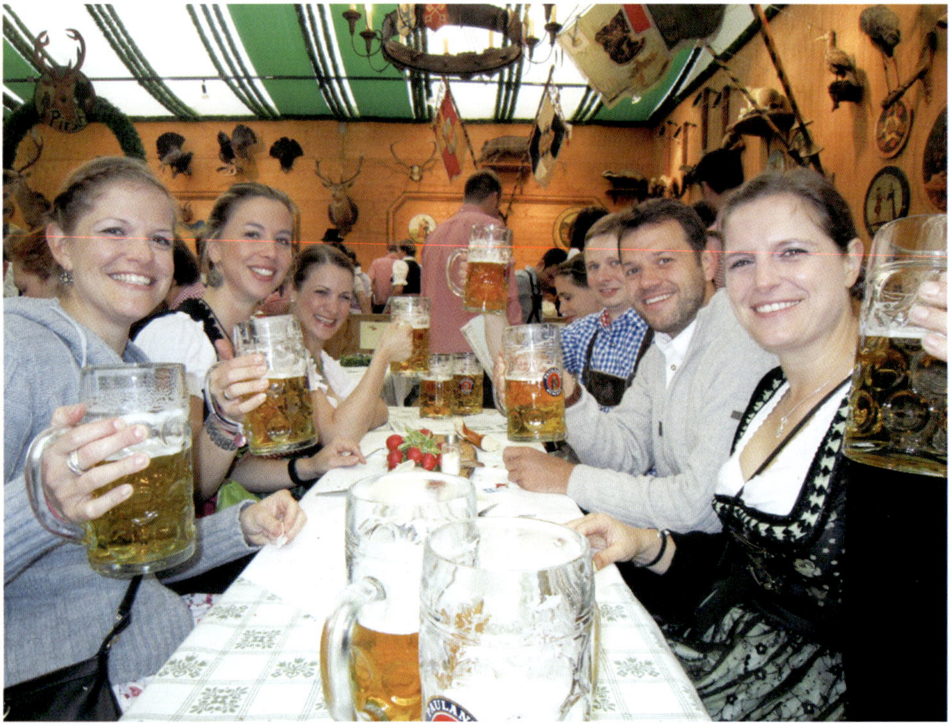

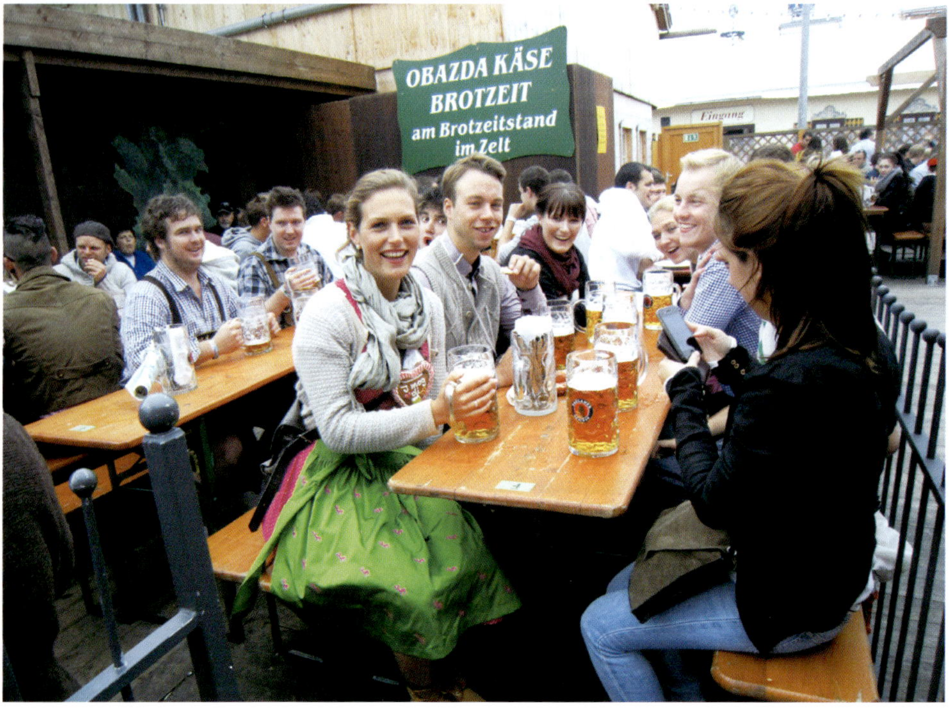
OBAZDA KÄSE
BROTZEIT
am Brotzeitstand
im Zelt
Eingang

Goaßbock
Servus München
Pfiadi
Oktoberfest
I mog di
Servus München
Mia san Mia
Welcome to Oktoberfest
Goaßbock
Grüße aus München
Herzlich Willkommen in München
Mein Bua
O zapft is!
Wiesn 2013
Mein Madl
Mei Madl
Bua
Welcome to Oktoberfest
Servus München
Mia san Mia
Oktoberfest

RALLY2000

다카우 Dachau
– 독일 뮌헨의 강제 수용소

독일 남부 뮌헨의 근교
제2차 세계대전 당시
아돌프 히틀러 총리 취임 후
최초이며 최대 규모로 만든
정치범 강제 수용소 다카우

폴란드의 아우슈비츠와 함께
가스실 생체실험실까지 설치한
유대인 포로 등 수용한
죽음보다 더 극심한 고통
죽음보다 더 무서운 그리움이
묻혀진 악명 높은 곳

잔인했던 그 시절 막사였던 곳
오늘날엔 흔적의 표시만
한여름 뜨거운 태양 빛이
하얗게 그믈막을 형성하고
지난 날의 오욕을 덮고 있다

Dachau 현재

다카우 메모리얼 사이트

메르켈 총리 헌화한 곳

다카우 시체조각물 전시

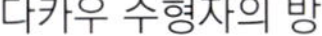

다카우 수형자의 방

다카우 시체사진

홀로코스트
– Holocaust Memorial Park, Berlin

나치의 깃발 아래 짓밟힌 수많은 목숨들
죄 없이 도망치다 발걸음에 힘을 잃고
낚아 채인 육신과 영혼까지도
죄목도 없이 붙잡혀 피눈물의 빵을 먹으며
스스로 탄식하며 운명을 저주할 때
인간의 존엄은 무너지고
지상엔 악명의 바람이 나부꼈으리

검은 그림자 뒤덮인 죽음의 수용소
가스실에서 고문실에서 몸부림칠 때
살덩이는 부서져 땅바닥에 뒹굴고
어머니 그 이름 목 놓아 부르며
조국의 이름을 외칠 때
해와 달도 빛을 잃고 슬퍼하였으리

불러도 메아리도 오지 않는 잔인한 땅
떠밀려 생체실험실에서 몸을 통째로 내어주며
그렇게 죽음과 마주칠 때 흐르는 눈물
죄 없이 가시관 쓰시고 십자가 지신
그분의 눈물도 함께 흘렸으리
긍휼의 구원자를 부르짖고 또 부르짖으며
부활생명을 꿈꾸었으리

홀로코스트: 유대인 대학살

홀로코스트

하이델베르그 전경

하이델베르크 Heidelberg

독일 하이델베르크
고성Old Castle만으로
유명한 것이 아니다
대학교와 대학도서관 명문이다

하이델베르크 대학교는
신성 로마시대에 설립된
最古의 最高의 대학교
낭만주의 발상지며
청소년기의 로망이기도한 곳
도서관은 수 많은 장서와
수 많은 열람객들로 자랑스럽다
옛 성 지하실의 술통은
뒷목을 젖혀야 볼 수 있는 높이에
가로 폭도 9미터나 되는
큰 크기에 놀라 입이 벌어진다

네카어강과 테오도어 다리

프리드리히관
(이 성에서 가장
아름다운 건물)

하이델베르크
맥주저장통
– 지하1층에는
세계에서
가장 큰 술통으로
유명한 그 이름
'그로쎄 파스'

하이델베르크
학생들

하이델베르크
학생들

시벨리우스 공원 Sibelius Park, Finland

그는
국민영웅으로
불리는
핀란드를
대표하는 음악가

이 공원은
그의 이름을 따
시벨리우스 공원으로
명명 하여
그에게 헌정되었다

시벨리우스 공원 파이프오르간

융합 건축물
– Stav[1)] Church, Lom, Norway

짜 맞추기 공법의 목조건물
받침대는 돌로
건물은 소나무로
놀랍다 못 사용없이 천년 이상
유지하고 있는 건물
오직 생선 기름만으로
우수한 보존력을 유지해온 것이
세계문화유산으로 등재된 이유다

십자가를 중심으로
건물 가장자리는 용의 머리
몸통은 용의 비늘로 장식된
엣날 바이킹의 토속문화와
기독교문화가 융합된 건축물
구백 여년 동안 신앙을 지켜온
귀중한 의미를 담고 있는
중요한 역사적 자료로
보존되고 있다

1) 천백칠십 년 Norway Lom지역에
바이킹에 의해 세워진 루터교회

노르웨이 롬(Norway, Rom)지역의 스타브교회

노르웨이 산

스타브교회 출입문

스타브교회 무덤

오슬로 시청사 Oslo City Hall

오슬로 시청사에 서서

노벨 수상식은
스웨덴에서 거행되는데

평화상만은 왜
노르웨이에서 거행될까

매년 12월이 되면
오슬로 시청사에 서서
생각해 보는
그 이유
노벨의 유언 때문

오슬로 시청사

국회의사당

노르웨이 국립극장

국립극장 헨릭입센동상

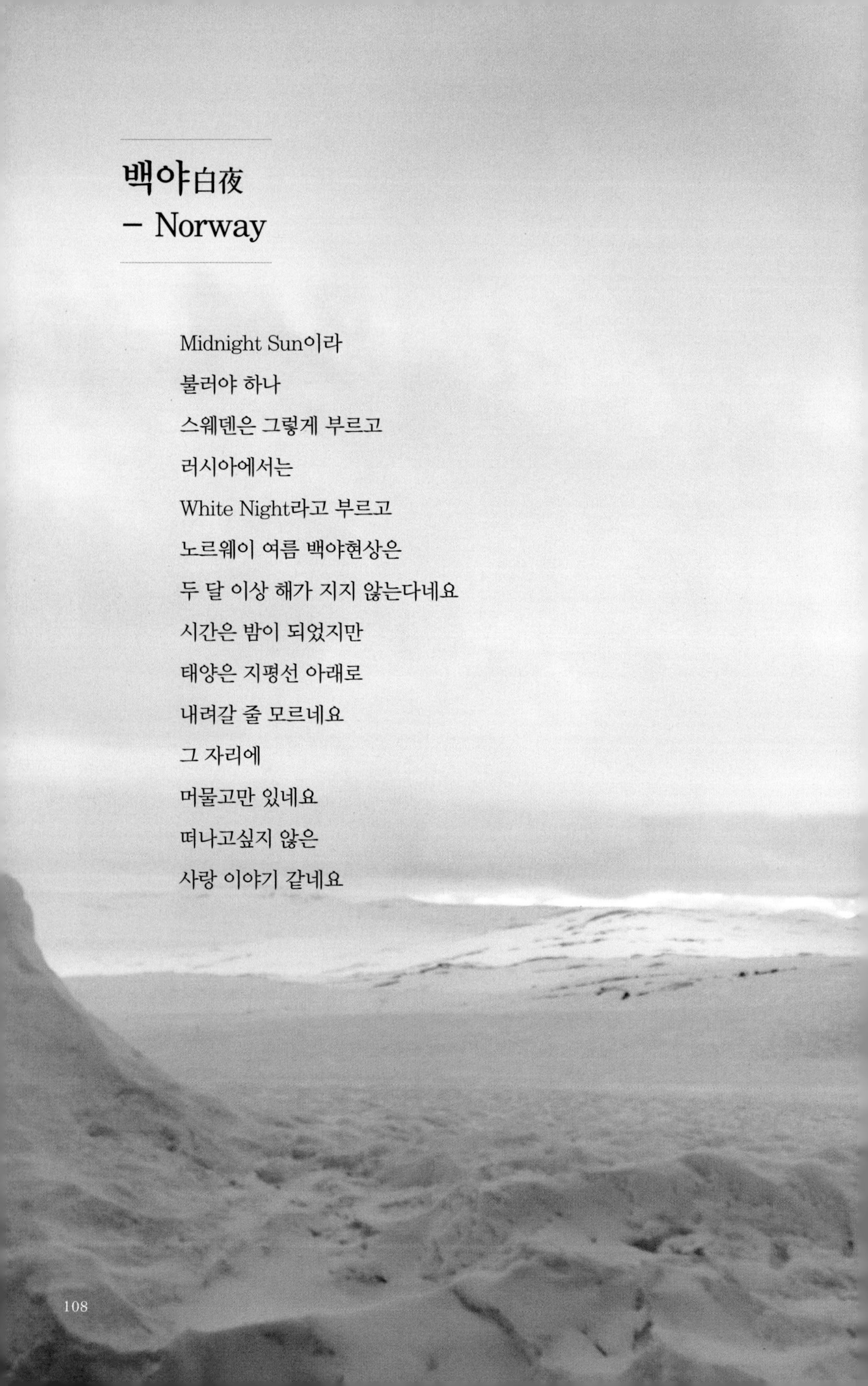

백야白夜
– Norway

Midnight Sun이라
불러야 하나
스웨덴은 그렇게 부르고
러시아에서는
White Night라고 부르고
노르웨이 여름 백야현상은
두 달 이상 해가 지지 않는다네요
시간은 밤이 되었지만
태양은 지평선 아래로
내려갈 줄 모르네요
그 자리에
머물고만 있네요
떠나고싶지 않은
사랑 이야기 같네요

노르웨이 백야

산장호텔 객실 벽난로

노르웨이 백야 창

브뤼겐BRYGGEN에서 이모저모

첫 만남의 미소

노르웨이의 중세도시 브뤼겐
병풍으로 둘러친 산 밑
아름답고 독특하고 고풍스러운
다양한 색채를 한 목조건물
바라보고 서 있으면
명품 벽화를 바라보고 있다는
생각이 든다

브뤼겐은 북유럽의
오래된 무역항구
한자동맹[1]을 이룩한
유네스코 세계문화유산으로
지정된 중요한 역사적 도시이다

베르겐 노천 어시장
눈에 익은 연어 고등어 반갑다
미소로 인사 건네며 다가간다
우린 한국 마켓에서 자주 만나는 친근한 사이다

1) 13~15세기에 독일 북부연안과 발트해 연안도시 간의 도시연맹

브뤼겐 거리

브뤼겐 거리

브뤼겐 항구

제3부 Jordan river, Jordan

런던 아이 London Eye

뉴 밀레니엄 기념으로
세워진 회전 구조물
거대한 바위 하나
템즈강을 발로 차고
큰 물고기처럼 솟아오른다
하얀 햇빛에 물든
반짝이는 은빛 굴렁쇠
물레방아처럼 돌아간다

긴 꼬리 줄을 만든 사람들
누가 지우개로 지웠는지
눈 깜짝 사이 지워지고
바퀴 끝에 매달려 있는
투명 유리 캡슐 속으로
빨려 들어간다
다람쥐 쳇바퀴 돌 듯
삼백육십 도 돌아가며
발끝에 펼쳐진 도시의 강과
시가지와 풍경을 삼키며
템즈 강 현란한 빛 속에 잠긴다

런던 아이: 1999년 뉴 밀레니움의 상징으로 英 佛 獨 이태리 첵코 등의 기술이 함께한 프로젝트. 영국 템즈 강변에 설치한 360도 회전하는 세계에서 제일 큰 원형전망대

셰익스피어 생가를 찾아가다
- Stratford-Upon-Avon

영국이 낳은 세계적인
국민 시인 극작가
윌리엄 셰익스피어 생가를 찾아
영국 중부의 시골마을
스트랫포드 어펀 에이번으로
찾아 가는 길은 마음 설렌다
세계 역사상 문학사에
가장 유명한 작가로
한 시대가 아닌
만세를 위한 작가로 인정
토마스 카라일Thomas Carlyle의
인도와도 바꾸지 않는다는 말 과
"To be or not to be,
That is the question."의 햄릿의
독백은 후세 오늘날까지 끊임없이
회자 되는 말이다.
벤 존슨은 셰익스피어 사후에
그에게 헌정시에서 발표했다
'-장하도다 나의 영웅이여
그대 영국이 탄생시킨 인물
그에게 유럽의 모든 땅이 경의를 표한다

그는 특정시대가 아니라
모든 세대에 속하게 되리니-'

William Shakespeare(1564-1616)

셰익스피어 센터와 생가 입구
The Shakespeare Center & Shakespeare's Birthplace Entrance

Shakespeare 마을 공원

Since August 15th, 2009.
296TH
We remember you forever.
With people of the Republic of Korea.
Presented by : Class of 1963
College of Commerce
Seoul National University
서울대 상대 17회 일동
No Greater Love
미군전사기념

천千의 불꽃으로 산화散華되어
- 워싱턴 D.C. 한국전 참전용사 기념비

아시아 한 귀퉁이 반도
헐벗고 척박한 이 나라 위해
청춘에 품었던 블루오션의 꿈 접고
태평양을 날아와 자유 승리를 위해
포탄이 우박처럼 쏟아지는 타국의
비내리는 전선에서 총칼을 함께 쥐었다

전쟁이 끝나고 평화의 나팔 울리는 날
고국으로 돌아가리라 꿈꾸었다
그러나 아 적의 총탄에 불꽃처럼 산화되어
부모형제의 애간장이 통곡으로 끊어진다
한국전쟁으로 희생된 타국의 젊은이들
그들의 숭고한 영령 앞에 고개 숙인다

영원히 당신들께 감사하고
영원히 당신들을 기억하리라
참전용사 비 앞에 헌화 된
화환 속 한 미 양 국기와 영문자
'We remember you forever!'
신이여 그들의 나라를 축복하소서!

미군전사기념

Since August 15th, 2009.
296TH
We remember you forever.
With people of the Republic of Korea.
Presented by : Class of 1963
College of Commerce
Seoul National University
서울대 상대 17회 일동

타임스 스퀘어 야경
– Manhattan, Newyork

타임스 스퀘어

타임스 스퀘어 야경

별들도 눈부시다고 숨어버린
낮보다 밝은 밤
휘황찬란 각 나라 디지털 광고 명소
꿈꾸는 도시의 심장부
360도 눈동자 옮겨가는 곳마다
화려한 색채와 쇼킹한 영상이
현란하게 춤추며 돌아간다
발광 다이오드 전광판에선
글로벌시대 홍보물이
각국의 랜드마크를 클로즈 업
위풍당당한 광고물 홍수
아 코리아! 튀는 광고 효과
으뜸 중의 으뜸이다
감격의 환호성 연발
엉덩이 들썩거리며 환호한다
디지털 옥외 광고시장이
국익에 좌우되는 생산 효과는 얼마
고용유발효과는 얼마나 내는지
계산하지도 못하면서
마냥 좋아라 좋아라

NY
adidas

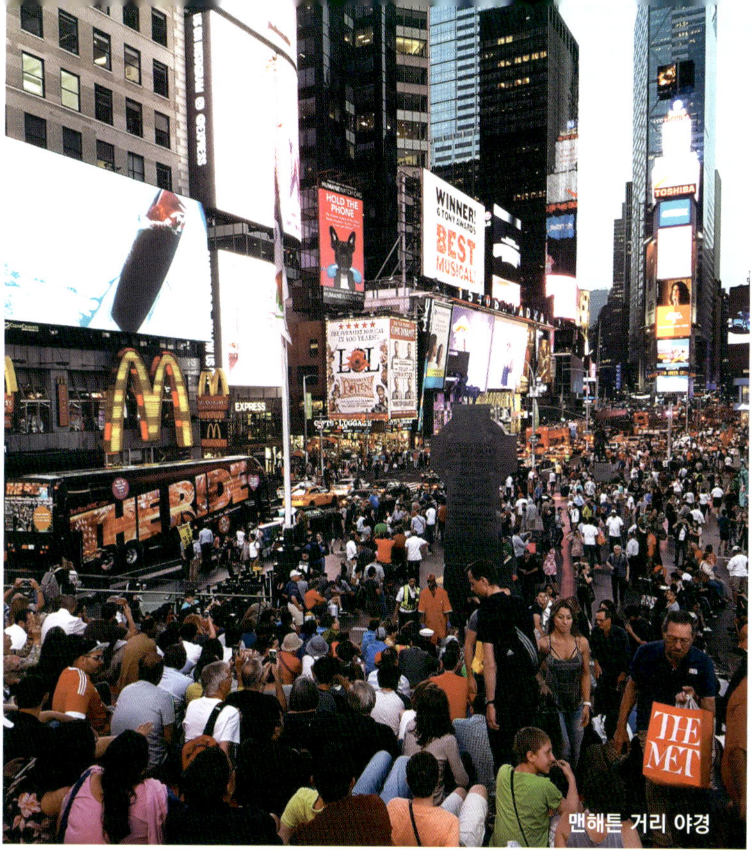

맨해튼 거리 야경

"A MIRACLE
"AWAKENS THE
MARRIOTT MARQUIS
citi
20 YEARS
KILLING IT WORLDWIDE
CHICAGO
CHICAGOTHEMUSICAL.
AMERICAN EAGLE OUTFITTERS

나이아가라

캐나다와 미국
두 나라를 걸쳐 타고 앉은
거대한 폭포
수천 개의 천둥이 함께 모여
지축을 울리며
하나의 굉음으로 퍼지는
저음의 오라토리오

파란 청옥빛 하늘 아래
두꺼운 하얀 폭포
낙하하면 에메랄드빛 물바닥
하얗게 쏟아져 내리는
폭포 위로 무지개 섰다
감동의 판타지아

나이아가라폭포

모친하母親河

한때는 낮과 밤을
찬란히 일으켜 세웠던 웃음소리
문명을 꽃피우며 범람했던 이곳
언제부터인가 어머니의 고단한 삶은
치마폭 속에 감춰진 진주알 눈물
침묵의 언어들 강물에 씻기어도
꽃들의 좌표는 찾을 수 없고
불붙던 사랑마저 녹아내렸는가
뼈를 깎는 고통을 들이마시며
뒤돌아서도 차마 떠나지 못하는
황하모친黃河母親[1]이여

1) 중국인들은 황하강을 어머니 강이라 부른다
황하강변에 세워진 비석

母
親
河

황하黃河 강변에 서다

끝이 어디인가 긴 허리
세월 등에 업고 바람 잡아당겨 질끈 동여매고
당당하게 달려온 수천 년 길이다
천둥을 삼키며 번개를 먹어 치우던
막을 수 없는 힘의 원천은 어디로 흘러갔을까
저만큼 풀밭에 서 있는 오동나무
바람 스친 자리엔
떨어진 보랏빛 꽃잎들 숙연하다

풍상風霜에 누렇게 찌든 긴 치마
진액津液 다 쏟았나 자난 날 영광은 봄꿈인가
찾아오는 발걸음 멎고 쇠락하고 황량하다
용 한 마리 길게 어둠 속에서도 몸통 늘이고
비늘 쳐들고 용트림 하며 과시한다
각을 날세우고 수호신 되어 잠 못든다

황하강

황하 책돌비석 포토존

대명호 능수버들

누구라도 그냥 지나칠 수 없어
가던 발걸음 멈추어 서는 이곳
중국 산동성 제남시 대명호
여러 군데의 샘물이 모이고 고여
바다처럼 큰 천연호수를 이루었네

중국 옛 시인들의 경탄의 소리
"사면은 연꽃으로
삼면은 버드나무로 덮여 있네
절반은 도시요 절반은 호수로다"

분수처럼 솟는 샘도 수십 개 넘네
표돌천의 물맛 또한 천하 제일이라
지나던 어느 황제 극찬한 '물의 도시'
제남 시민들과 연인들의 빌걸음
산책 장소로도 으뜸 중의 으뜸이네

대명호 현판

대명호 능수버들

두브로브니크 Dubrovnik
– Croatia

그곳에 가 볼 이유 있었네

누군가 말했네
죽기 전에 꼭 가 보아야할 곳이라고
영국의 극작가 버나드 쇼는
'지상에서 천국을 보고 싶은 사람은
그곳에 가 보라'고 말했다 하네

아름다운 지상낙원이라는 말처럼
도시와 자연이 한데 어울려
천개가 넘는 섬이 아드리아
해안을 따라 펼쳐진 환상의 풍경은
아름다움을 넘어 한 폭의 그림
'아드리아해의 진주'라 불릴 만하네

17세기 지진으로 파괴되었지만
아름다운 궁전과 분수 교회의 건축물
성곽도시는 잘 보수 보존 유지되어
현대 세계인이 찾는 명소가 된
크로아티아의 세계유산이네

당신은 들어본 적 있나요
바다에서 들리는 오르간 연주 소리

바람이 지나면서 바다의 움직임을
만들어내는 신비한 소리를
귀를 기우려 보세요
그리고 에게해의 일몰도
눈 속에 가슴 속에 생각 속에
담아오세요 잊지 말고

두브로브니크 - 크로아티아 해안에서 가장 아름다운 도시

드부로브니크

암석교회
– 핀란드 헬싱키의 템펠리아우키오

암석을 깨뜨려
조각을 만들어 지은
특별한 건축자재
암석 교회

빛을 끌어드리기 위해
유리로 덮어
빛을 통과시키는
건축 공법

암석교회 천장

암석교회 출입구

암석교회 파이프올겐

우즈벤스키
– Uspensky Cathedral

우즈벤스키

언덕 높은 자리에 있어
멀리서도 붉은 벽돌
초록 지붕의 황금색 십자탑
청명한 날 밝은 햇빛 아래
반짝이며 독특하고 인상적이다

내부에는 12사도의 그림
감동적인 금과 은의 화려한 장식
스칸디나비아 반도에서 이름 높은
동방정교회 전통에따라 설계한
규모 제일의 정교회 성당

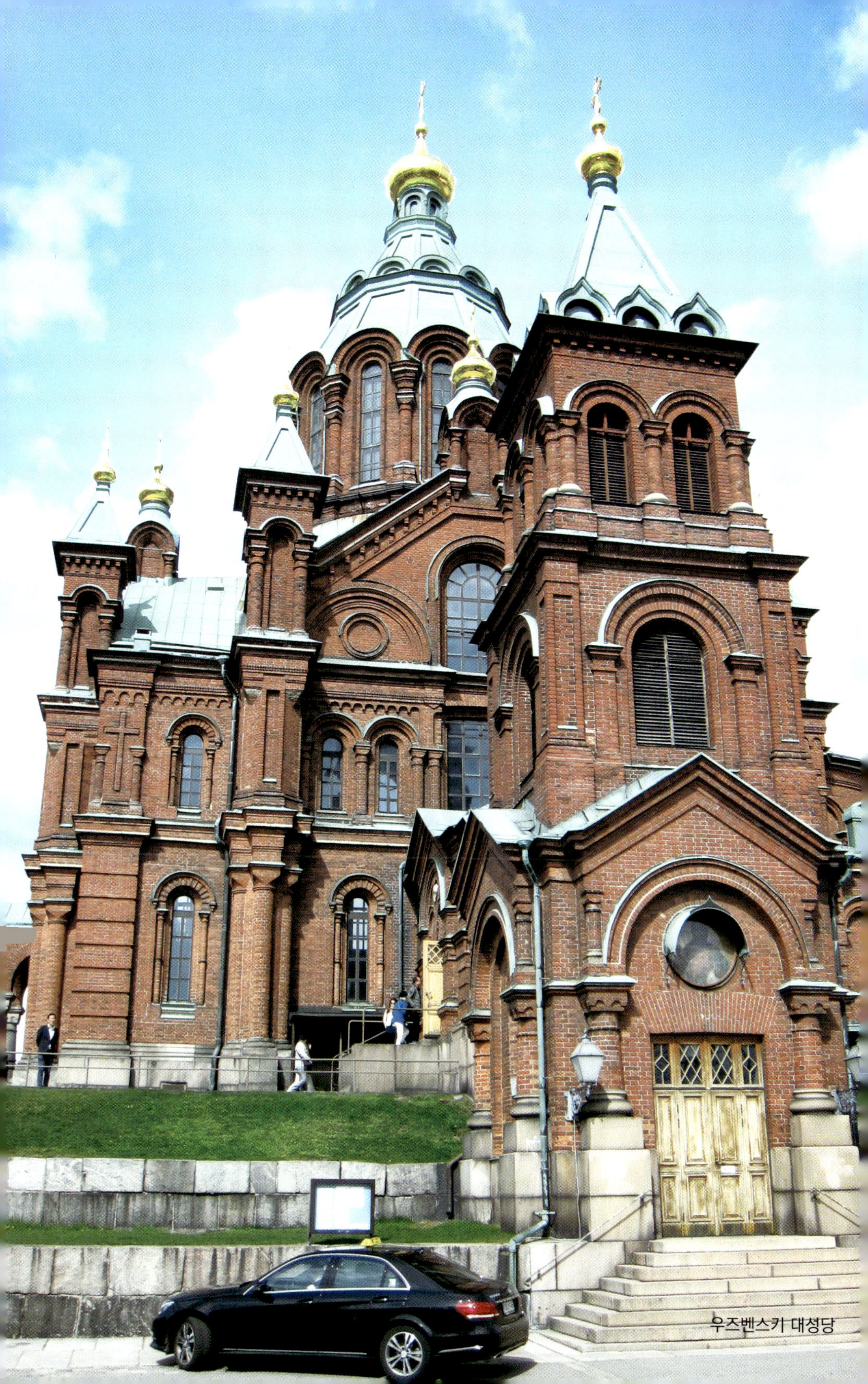
우즈벤스키 대성당

iittala
iittala
iittala

우즈벤스키 거리

우즈베스키 성당 내부

우즈베스키 성당 천장

헬싱키 대성당
– Lutheran Cathedral

밤새 미동도 없이
편안한 잠을 재워 준
크루즈에서 아침을 맞고
육지로 오르는 빌걸음 산뜻하다
북유럽 발트해 연안의
스칸디나비아 반도
이십 세기 초 러시아로부터
독립된 핀란드의 수도 헬싱키
중심부에 있는 이 교회
오늘날 핀란드의
유명한 관광명소

헬싱키 대성당

제4부

The Trulli of Alberobello, Italy

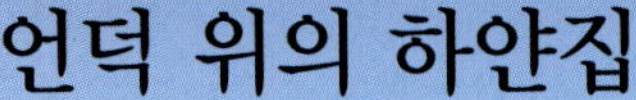

언덕 위의 하얀집
– Santorini island, Greece

언덕 위의 하얀 집
– 그리스 산토리니 이아 마을

하얀 집들이 그림엽서처럼 모여있는
그리스 환상의 섬 언덕에 오르면
햇빛을 받아 반짝이는 집들과
파란 물감 물들여놓은 하늘과 바다와
누가 이렇게 연출을 잘해 놓았을까

가파른 절벽 좁은 골목길에도
태양의 절묘한 곡에 예술이
그리스 요정이 손짓하는 예쁜 가게와
아기자기 예쁜 집들이 꽃타래처럼 모여있는
아름다운 마을 골목길을 함께 돌며
꽃들과 미소로 반긴다

산토리니 지중해 해변

산토리니 교회

산토리니섬 언덕 위의 하얀 집

산토리니 꽃 골목길

알베로벨로 Alberobello – Greece

이탈리아 남부
작은 도시 알베로벨로
너는 '아름다운 나무'라는
뜻을 담고 있는
고무네이자

인구 겨우 일만이지만
고유한 트룰로 건물로 유명하지
지붕은 선사시대적 기법으로
석회석의 원뿔구조가
특이하고 신기하다
알베로벨로 트룰리Trulli
유네스코 세계문화유산이지

알베로벨로

알베로벨로 골목길

신들은 어디로
– Old Temple

신들은 어디로

아크로폴리스 언덕 위
파르테논Parthenon
기원 전 그리스 아테네 사람들
아테나 여신에게 바친 신전입니다

올림포스 12신 중 하나인 그녀
아테네 수호신 되기 위해 경쟁 할 때
포세이돈 제치고
수호신 자리 차지했습니다

2차 대전 포탄으로 신전은 풍비박산
인간들의 땅따먹기 전쟁에 신들은
어디로 숨어버렸는지 그 비밀한 일은
인간의 차원을 넘어서야 알 수 있을까
지금은 기둥만 남아 깨지고 부서진 돌
주워 모아 복구 작업 한창 공사 중입니다

올드템플

그리스 올리브나무

올드템플

소렌토 Sorrento

사랑스런 소렌토

발걸음 멈추어 선 이 곳
이탈리아 남부 망망한
지중해 해안도로
절벽 위에 세워진 작은 마을
사랑스런 소렌토
수평선 위 청정한 하늘 아래
에메랄드빛 바다
눈부신 햇살보석으로
잠잠히 넘실댄다

갑자기 화산절벽에
바람이 몰아친다
항해 선원들 넋을 혼절시킨
소렌토에 살던 시레나 여신女神
아름답고 신비스런 소리와 함께
이미 전설이 되어버렸지
가야 할 길 위해 루치아노 파바로티의
불멸의 테너 '돌아오라 소렌토'로 뒤로
점점 멀어지는 여행자의 발걸음

소렌토

카타콤베 Catacombe

앞을 보아도 뒤를 돌아보아도
보이는 것은 절망의 그물뿐
로마군의 박해를 피해
가야 할 곳 피난처는 어디일까
'쿼바디스 도미네'
살아야 한다 살아야만 한다
지상에서는 숨을 곳을 찾을 수 없으니
살기 위해 지하로 숨자
돌무덤을 파 땅 속 묘지로 들어가자
굴을 파고 한층 한층 5층까지 그 이상도
내려가 세상 빛이 차단 된 곳
더 깊이 들어가 그곳에서
촛불을 켜고 예배를 드리도록 하자
갱도를 만들고 누군가 죽으면
묘소를 위해 양쪽 벽면을 파서 묻고
산자도 죽은자도 어둠 속 함께 동거하자
세상과 단절된 돌무덤 속
무덤 밖으로 나갈 날은 언제일까
그 비밀한 날
당신만이 아십니다

카타콤베: 카타콤의 라틴어. 지하무덤

카타콤

린다호프 성
– Linderhof, Neuschwanstein & Herrenchiemsee Castle

비운의 왕 루드비히 2세
십팔 세에 왕좌에 올랐으나
그를 둘러싼 많은 요인들이
정치를 외면 예술에 빠지게 했다
아름다움의 극치를 보여주는
린더호프 성 건축을 완성 후
노이슈반슈타인 성과 헤렌 킴제 성
건축으로 빚더미에 앉고
군신의 관계는 무너지고 폐위되었다
신하들에 의해 미치광이가 되어
감옥행 후 호수에서 익사하였다
두 성은 건축 중단되고
그의 생전에는 완공을 보지 못했지만
후손 왕족들과 나라는
그의 후덕으로 산다 하니 이 느낌은
기쁨인가 허탈한 마음인가

린다호프 성 정문

린다호프성 정원

노이슈반스타인성 올라가는 길

노이슈반스타인성

킴제 성

김제 성

노이슈반스타인성

노이슈반스타인성 모형도

시저 Gaius Julius Caesar

Caesar 동상

루비콘 강

"주사위는 던져졌다"
마침내 루비콘 강을 건는다
나는 두 팔 벌려 하늘과 땅
바다를 품고 소리쳤다
앞으로 앞으로
정복의 전진만 있을 뿐

"왔노라, 보았노라, 이겼노라"
루비콘 강을 건너왔을 때
내 오장 육부
내 어머니의 젖줄까지 끌어당겨
정복의 감격을 외쳤다
천둥 번개 우레마저도
비켜서고 나무들도 숨을 죽였다

로마 유적지

배신의 칼

나는 카이사르 씨족
율리우스 가문에서 태어났다
갈리아를 평정 지중해 로마까지
세계패권을 장악
삼두정치에서 두 지도자를 제거
1인 정치체제의 독재관으로 취임했다

그러나 아들처럼 사랑하던 자도
시기와 질투하던 자들
사이에 끼어 배신자가 되어
내 등에 칼을 꽂았다

아내의 꿈으로 부하의 만류로
비켜설 수도 있었던 내 운명
나의 고래 쇠심줄 같은 질긴 고집이
운명을 비키지 못하게 가로막았다

그러나 나는
사랑했다 로마를
믿었다 부루투스를
이 생애에서 내 마지막 한탄은
"으으 브루투스 너마저…"

잘츠부르크
Saltsburg

모차르트 뮤지엄 앞

ÖNIG
Mozar
9
SPAR

모차르트 생가
아래에서 3줄 창문 열린 방에서 태어남

잘츠부르크 Saltsburg

잘츠부르크[1)]에선 지금

오스트리아 빈[2)]의 무덤엔
처음부터 모차르트[3)] 육신이
들어가지 못한 슬픈 허당이다
진눈깨비 눈꽃으로 부화하며
애잔하게 흩날리는 가물가물
앞이 보이지 않는 거리
서른다섯 꺾인 육신은
열정마저 녹아내린
빈 수레 슬픈 그물망에 묶여
떠메어져 빈으로 간다

질척이는 땅 더듬이 내밀어
헤집고 가는 몽롱한 길
은발 흘러내린 알프스도
현기증으로 아득하다
소금기 젖은 비바람 거슬리며
육신 없는 빈 무덤 등지고
영혼만이 잘츠부르크로
되돌아간다

오래된 건물 이마 한 가운데
빛바랜 1703년의 희미한 숫자
그가 앉았던 카페엔
이방인들과 현지인들 어울려
함께 차를 마시며 날마다
축제로 떠들썩한 이 도시
벽에 걸린 오선지 악보 위를
오르내리는 천사의 맑은 소리
이십일 세기에도 그의 이름은
살아서 움직인다 밖에선 지금
모차르트 콘서트 준비 한창이다

1) 잘츠부르크 : 스위스의 알프스 산에 인접한 오스트리아의 도시로 '소금의 성'이라는 뜻
2) 빈 : 오스트리아의 수도
3) 볼프강 아마데우스 모차르트 : 1756년~1791년

중앙공원
- Vienna, Austria

빈 중앙공원 음악가의 묘지

신의 정원 Garden of the Great Spirit
– 캐나다 천섬

신비롭고 아름답고 고요한
이곳의 섬들
그 이름을
캐나다 인디언들이
"신의 정원"이라고 불렀다
신의 것이라고

지금의 사람들
"천섬"이라 부른다
인간의 것이라고

세계 부자 중의 부자들
여름 휴양지로
세인트 로렌스 강 위에
그림같이 떠 있는
수천 개나 되는 섬들
많은 섬들 중 하나를 사서
사랑하는 연인을 위해
호화별장을 지어 바쳤다 한다

공해 없는 푸른 호수 위
초록의 나무들 숲을 이루고
그 가운데 꿈의 집을 지었네
멀리서 보아도
행복이 들어있는 별장
꿈꾸는 섬 섬들
인간의 것이기 전에
신의 것이라는 것을
생각해 보았을까 누군가

캐나다 천섬

샤토 프랑트낙 호텔 Le Chateau Frontenac
– Quebec, Canada

샤토 프랑트낙 호텔
: 노르망디 상륙작전을 결정한
연합군회의의 역사적 산실

퀘벡의 랜드마크 자랑
캐나다의 주 도시
프랑스보다 더 프랑스적인
문화에 자부심을 지닌
캐나다 속의 불어를 사용하는
프랑스적인 캐나다인이다

백 년을 이어오면서 건축한
수많은 창문을 보아도 알 수 있듯이
육백 개가 넘는 객실에 외면은
뾰족한 지붕이지만 오히려
중후함과 웅장함이 더욱 수려하다

제2차 세계대전 당시 캐나다의 맥켄지 수상
영국 윈스턴 처칠 미국의 루즈벨트 대통령
3인의 쾌백회담이 마침내 노르망디
상륙작전 결정한 연합군 회의의 역사적 산실
승리를 불러온 위대한 장소 호텔 앞에서
유유히 흐르는 로렌스강물을 바라보며
지나온 역사를 읽어본다

샤토 프랑트낙 호텔

샤토 프랑트낙 호텔 앞 동상

로렌스강

피요르드 Fjord
– Norway

눈과 얼음으로 켜켜이 덮이고 쌓여
백만 년 동안 한 덩어리로 뭉쳐있던 빙하
일만 년 전부터 슬슬 몸을 풀기 시작
이미 녹아내리기 시작했다
지구 온난화가 가져온 변화의 조짐이다

노르웨이 서해안의 피요르드Fjord[1)]는
북해와 서로 마주쳐 얽혀 있어
복잡다단한 해안선이 만들어 낸
자연과 시간이 함께한 협곡이다
위로는 빙하가 덮여있는 눈산
해안선 따라 호수처럼 펼쳐진 협곡
가파른 절벽 아래로 흘러내리는
굵고 가는 폭포 물줄기는 환상이다
변화무쌍하게 펼져지는 찬란한 물색깔
유유자적하는 새들의 날갯짓
지상의 평화를 누리는 곳이 여긴가
피요르드의 웅장한 아름다움은 황홀하다

1) 峽灣, 빙하로 인해 만들어진 좁고 깊은 만

노르웨이 눈덮인 산

피요르드

노르웨이 빙하

비겔란 조각공원 Vigeland's Parken

공원의 중심에 우뚝 솟아 있는 '모노리텐' 조각상

비겔란 조각공원

푸른숲과 푸른언덕으로
국토의 절반 이상을
푸르게 덮은 나라
북유럽 크루즈 여행 중
찾아간 곳
노르웨이 대표 조각가
구스타프 비겔란이 기획하여
그의 제자들과 함께 만든
세계 최대 조각공원이다
조각작품 하나하나마다
인간의 원초적인 영상
서로 뒤엉켜있는 모습에서
인간의 애증과 욕망 욕구
인간관계와 삶의 멀티비전
여러면을 생각하게 한다
불행하게도 그는
이 불후의 대작 작품 완성을
끝내지 못하고 눈을 감았으니

비겔란공원 (화난 아기 '신나타겐' 동상, 포인트 작품)

비겔란공원

제5부

Entrance of Petra, Jordan

인어공주 동상
– Copenhagen, Denmark

인어공주

하얀 조개구름
햇살 맑은 날
랑겔리니 해안
청동 인어상 위로
푸른빛 어리고
바닷바람 사이로
갈매기 울음
한가롭게 퍼진다

인어공주 이야기
안델센의 내레이터
들리는 듯 아릿하다
사랑을 얻기 위해
마법에 얽매이는
희생과 바꾸고도
이루지 못한
왕자와의 사랑
고통과 아픔을 안고
물거품으로 변한
슬픈 사랑 이야기

인어공주 동상

성 알반스교회

성 알반스교회와 호수

덴마크 왕궁
The Kingdom of Denmark

덴마크 메인 왕궁

작지만 큰 나라

작지만 큰 나라
세상에서
가장 행복한 나라
북유럽의
입헌군주국이며
코펜하겐은
이 나라의 자랑스런
수도이다
작지만 큰 나라

덴마크 궁전과 교회와 프레데릭 5세 기마상

왕궁 건너편 오페라하우스와 앞 분수

코펜하겐 시청

안델센 Hans Christian Andersen

덴마크 코펜하겐 오덴세에서
가난한 양화점의 아들로 태어난 안델센
아버지로부터 문학적 재능을
할머니로부터 상상력 감성을
어머니로부터 신앙심을
대학공부는 특별한 인연의 은혜로 받았죠

문학적 성공은 이웃나라 독일에서 먼저
다음엔 유럽 전체로 인정받고
전 세계인으로부터
사랑과 존경받은 동화작가가 되었죠

평생 미혼으로 팔십세에 세상 떠날때는
전국민 슬픔에 잠겼었죠
국왕과 왕비도 장례식에 참석
한국기독교 루터교회가 뽑은
세계를 빛낸 10인의 루테란으로 뽑혔죠

안델센 동상

안델센 기념관

안델센 동화 속 장면 재현

안델센 생가

안델센 마을
- 소박하고 조용한 오덴세

바사Vasa호
– Sweden, Museum

바사호 문자 설명

바사호 모형

꿈 그리고 침몰

발틱해에서 가장 화려한
세계 제일의 강력하고
거대한 전함을 만들어라
국가의 강성함과 안전
왕실의 위엄을 나타내라

천 그루 참나무로 준비한
숙원을 이루는 1628년이다
지상의 가장 성대한 진수식
출항의 닻 올려라
팡파르fanfare 울려라
귀족과 수많은 인파 지켜보는
환호와 축복의 소리 퍼진다
카운트 다운.....

스웨덴 구스타프 2세
알프레드 왕의 꿈과 욕망을 실은
화려하고 장대한 바사호
마침내 출항의 진수식 그러나
아 공든 탑 무너지는 시간
과적의 무게는 돌풍과 더불어
처녀출항 하자마자 침몰

인간의 꿈도 욕망도 환희와 축복도
한 낱 물거품으로 사라져 버렸다

바사호 대포

바사호 몸체

노벨박물관 Nobel Museum

노벨 박물관

마침내 건축하였네
2001년 노벨박물관
늦은감 있지만
노벨상 제정 백 주년 기념
스웨덴 스톡홀름
구시가지 감라스탄

알프레드 노벨과
여러 수상자들에 관한
귀중한 자료를 전시하니
뜻깊은 일이다

한국 김대중 전 대통령
노벨평화상 수상
기록도 포함되었네

노벨박물관 주변

SVENSKA AKA
The Nobel Prize
The Nobel Prize Laureat
Alfred Nobel

노벨박물관 Nobel Museum

여름궁전
– St.Petersburg, Russia

피터대제의 여름궁전
러시아의 베르사이유라는
닉네임도 어울리는
아름다운 궁전이다
분수궁전 정원에는
많은 분수들이
장관을 이룬 쇼를 한다
높이 솟아오른 분수 물줄기는
일제히 핀란드만을 향하여
뿜어댄다 한다 왜일까

여름궁전

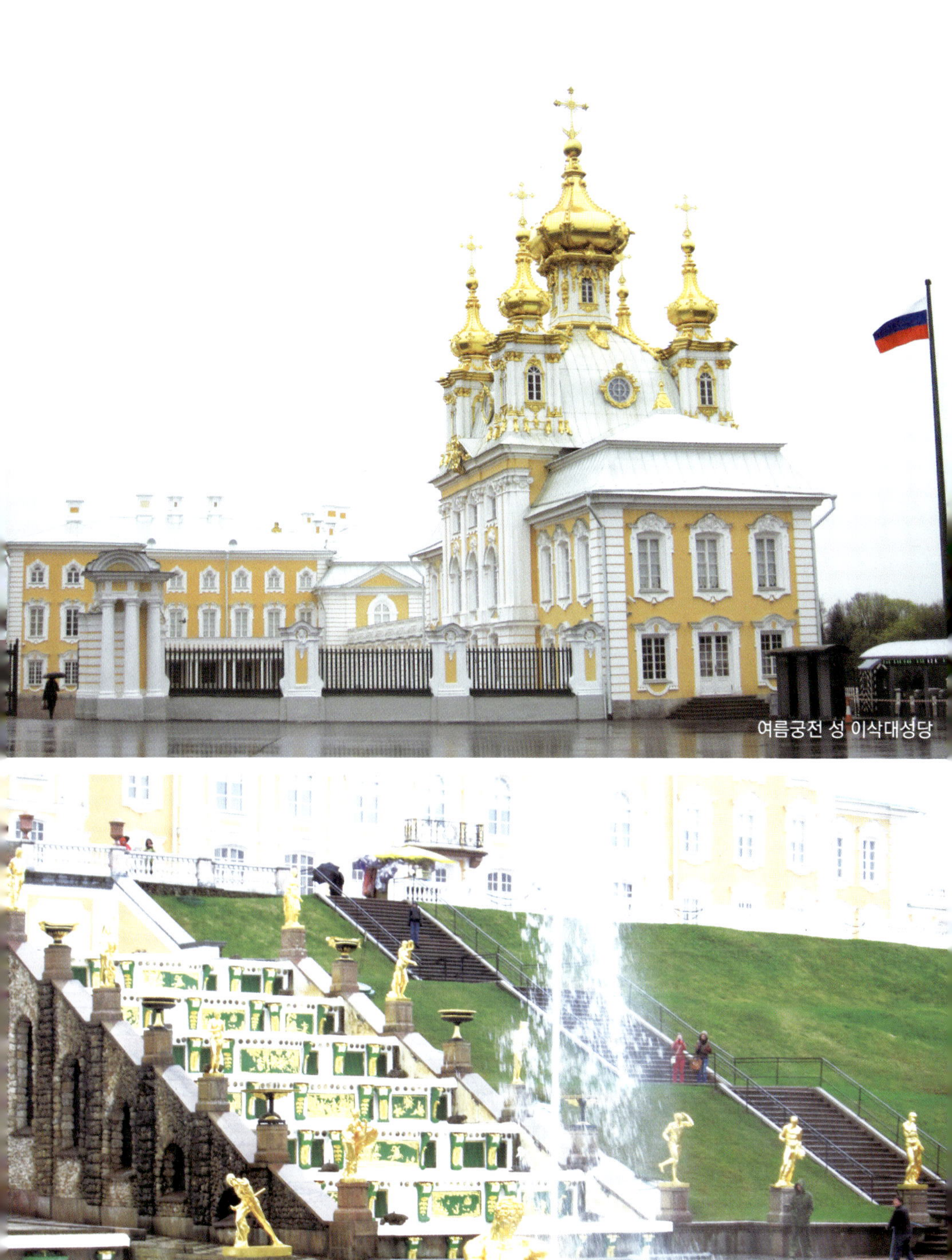

여름궁전 성 이삭대성당

여름궁전

겨울궁전 The State of Hermitage Museum

에르미타주 건물

미술관

겨울궁전

이곳은 러시아 황제들이
머물던 겨울궁전
아름다움과
그 화려함이 빼어나
찬탄을 금하기 어렵다

십삼 세기로부터
이십 세기에 이르기까지
유럽의 수백만 여점의
미술품을 소장한
세계최대의 미술관이다

이 광장은 황제의 폭정에
시위를 한 수천명 민중의
평화적 항거가 있었다
군인의 집단 총격 난사에
수천 명의 피를 쏟은 참혹한
피의 일요일을 역사는
잊지 않고 기록하고 있다

미술관

에르미-미술품

496

발틱해안에 꽂핀 중세의 진주 – Talinn, Estonia

중세의 진주

크루즈여행 중
그냥 지나칠 수 없는 곳
북유럽 해안에 꽂핀
중세의 진주라 불리는
에스토니아 탈린
시각을 통해 마음을 빼앗기고
감상에 젖는다
붉은 색 기와가
나비처럼 올라 앉았으니
붉은 색 지붕 가진
도시로 유명하네

구 소련의 붕괴 독립하기 까지
침략 속에서도 전통과 문화 예술
계승하고 파괴된 건물을 복원하여 왔네
탈린 옛도시 전체가 유네스코의
세계문화유산으로 지정 국제적으로
보호받고 있는 도시가 되었네

탈린알렉산데르넵스키 성당

탈린 구도시

탈린 신시가지

모스크바Moskva에서

바실리카

러시아의 랜드 마크
화려한 바실리카 성당
황제 이반 4세
러시아 민족해방 기념으로
세운 성당이다
완공 후 황제는
건축가의 두 눈을 뽑았다.
이렇게 아름다운 성당은
세상에 더 있어서는 안돼

으뜸 중의 으뜸
빼어난 아름다움
아름다움의 극치를 이루었으니
이로 인한 불행을 막을 수 없었나
슬프고도 애통하다
내 두 눈 돌려다오

ЗВЕЗДА

성 바실리카 대성당

BOSS

모스크바 백화점 건물

모스크바 백화점 출입구

모스크바 호수

크렘린궁과 붉은 광장
– Kremlin and Red Sqare, Moscow

붉은 광장에는

소련 공산당 1991년
쿠데타로 붕괴 되었지만
러시아 모스크바 아직도
세계 최대 도시 중 하나다

붉은 광장의 크렘린 궁
절대 권력의 상징이다
대통령 집무실과 그 외
수많은 기관들이 있다
붉은 광장엔 역사박물관
굼GUM 백화점 등
주요 건물들 활발하다

붉은 광장은 러시아의 심장
바닥이 붉어서가 아니라
건물들 벽이 붉기 때문이다
붉다라는 뜻은 러시아에서는
아름답다라는 뜻도
포함되어 있다 한다

크렘린궁

크렘린궁 광장

붉은광장 붉은집

역사박물관

광장

크루즈 여행

꽃잎 피어나듯
온 몸이 웃음으로
피어나는 자리

모두 모두
선하고 행복한 사람들의
향기 가득한 크루즈 안
호라티우스의
카르페 디엠

크루즈 안 휴스

크루즈 레스토랑

크루즈에서 어린이 위한 행사

바틱Batic 사랑
– Indonesian Batic

인도네시아 전통 의상 바틱
밝은 색상 풍부한 색감
문양이 아름다운 열대지방 옷
꽃무늬는 고운 향기를 피워내고
나비 무늬는 생기로 날아 오른다

웃음꽃비 내리는 거실
꿈의 복도 걸어 서재로 들어오면
맨 먼저 눈에 들어오는 다섯 자매 사진
인도네시아 자카르타 셋째 동생네서
다섯 자매 함께 모여
반둥 노천온천 여행 갔을 때
누가 찍었을까 사진 속의 다섯 자매
바틱 입은 언니 동생들 인도네시아 패션
태양의 나라 꽃밭이다

여름엔 청량감 겨울엔 따뜻함을
바틱사랑 나의 사랑
몸으로의 느낌이 쾌적하다
바틱[1)]은 인도네시아의 자랑

유네스코가 인류무형문화로

지정한 유산이다

1)바틱 : 인도네시아 전통 의상

인도네시아바틱 의상

케임브리지 Cambridge
– England

별이 빛나는 창

시계는 중세의 시간에서 멈추어 선 듯
천년의 풍상이 지나갔어도 고풍스런 멋
'해가 지지 않는 나라'의 자존심을 업고
케임브리지 공부벌레들 하나둘씩 별을
손에 쥐고 허물 벗듯 연구실 문을 열고 나온다
발목까지 치렁치렁한 검정 까운
흰색 보타이 등허리까지 내린 빨간 후드
졸업식장까지 퍼레이드 하며 가는 뒤를
학부형들 침묵 속에 가슴 설레며 따라간다
워즈워드의 가슴에 기쁨을 노래하게 한
춤추는 황금수선화 들판을 지나
몇 해 전 펀팅[1] 할 때 노 젓던
아들의 모습 피드백 떠 올리며
캠강을 끼고 걸어간다

뉴턴이 식사하던 식당엔 달그락 소리 고요하고
다윈이 잠자던 기숙사 아직 불 켜지지 않았는데
스티븐 호킹의 연구실을 눈빛으로 멀리 찾아보며
노벨수상자들이 꽃처럼 100여송이 가까이
피어난 연구실 문을 존경의 눈빛으로 찾아본다
눈꺼풀을 이마에 매달고
분초를 깨며 밤을 밝히던 시간은 가고

학위수여자들의 엄숙한 걸음이 차례로
학장님 앞으로 나아가 무겁게 무릎 꿇고 앉는다
800여 년 전부터 전통의 맥 이어 온 라틴어 행사
학위증 받는 손이 종이 한 장의 위엄 아래 떨린다
실낙원의 밀턴과 러셀의 지성의 발자국 소리
아직도 세계인의 귀에 소리 내고 있는 땅
빛나는 전통의 맥은 오늘도 강물처럼 흐른다
오늘 밤부터는 우리집 창문에도
두 개의 별[2)]이 쌍무지개로 뜰 것이다

1) 케임브리지의 캠강에서 노를 저으며 배타는 일
2) 아들 며느리 각각의 박사학위 별

박사학위식 후

박사학위식 후

부부

당신

"그대는 나의 전부
그대의 생명속에
나의 꿈이 살아 있고
그대를 향한
변치 않는 꿈이 살아 숨 쉰다"

파블로 네루다의 詩가 떠오른다
흘러가는 크로노스Chronos의 시간에서
당신과 나는 카이로스Kairos의 시간 속에
함께 만났습니다
그때로부터 우리의 관계와 삶이 변화된
큰 비밀[1)]은 존경과 사랑
그 안에 있습니다

반백년 마디마디 각인된 나이테
세월이 앉았다 간 자국으로
이제는 희미해졌지만

아직도 나는 그 빛 아래
당신의 그림자 안에서
날마다 눈이 부십니다

〈자작시 '사랑이 흐르는 빛' 중에서 마지막 연〉

1)성경 신약 엡 5:32

외출

추천사

신유목민(Neo-nomad) 시대에 살고 있다는 말도 어색하지 않다. 세계화와 지구가족이라는 어휘에도 사람들은 익숙하게 되었고 여행이 이제는 국민 화두가 되었다고 하여도 과언이 아닌가 싶다. 굳이 농경사회의 붙박이 생활 때문만이 아니라 근대 장치산업의 결과로도 인간은 한곳에 발을 붙이고 사는 데에 오래 익숙하여왔는데, 이제 4차 산업시대로 접어들면서 인류는 다시 DNA 속에 잠재되었던 유목 이동의 심상을 추구하게 된 모양 같다. 과거의 유목적 현상이 다분히 생존과 투쟁의 본능에서 출발했다면 신문명의 시대인 현대의 여행은 인간 내부에 축적된 모험심과 미지에 대한 추구의 본능이 그 모멘텀이 아닌가 한다.

이제 여행이 국민 화두가 된 시대에 살게 되면서 수많은 여행관련의 서적들이 쏟아져 나오고 있다. 단순한 여행 가이드북 성격에서부터 기행수필, 기행 시집, 그리고 영상시대에 발을 맞춘 기행 사진화첩 등이 서점의

매대를 장식하며 '존재의 이유(raison d'etre)'를 주장하고 독자의 시선을 이끈다.

과거, 여행이 소수에게 주어진 특전의 시대에는 멀리 떠나서 새로운 문물과 풍경에 접하여 놀라운 시선으로 현장을 음유하기만 하여도 그 가락은 만인의 심금을 울리던 시절도 있었다. 그러나 여행이 다수의 열망이자 실천의 시대에 이르고부터는 여행의 기록이 그렇게 만만하지가 않게 되었다. 더구나 여행 산업이 본격화 되면서 다중에게 명승지를 주마간산으로 보여주는 여행시스템이 발달하고부터는 여행기의 문학적 가치도 대중화 되고 말았다.

물론 대중화가 잘못된 것은 아닐지라도 이제는 격조를 추구하는 사람들이 염원하는 고귀하고도 결이 다른 운문과 산문을 대망하는 오늘날이 되었는가 싶다. 같은 지역을 섭렵했더라도 진정한 가치를 지닌 특정한 곳의 발견, 그리고 각 현장의 현재 못지않게 역사적 고찰과 명상이 여행기의 가치척도가 되고야 만 시점에 우리는 이르렀다. 특히 여행기가 기행시의 형식을 취하였다면 시적인 완성도에 따른 공감의 연대의식은 더욱 절실하리라.

맹숙영 시인의 기행시집『여로旅路, 황금빛에 감기다』는 이 모든 까다로운 조건들을 모두 충족시켜주는 귀한 책자가 아닌가싶다. 우선 세상의 관광명소를 빠뜨리지 않았으되 그곳의 외피만을 본 것이 아니고 남들이 상상도 못한 속살들을 파헤쳐 내보여주면서 그 의미와 감동을 감성적인 운율로 기승전결 하였다. 뿐만 아니라 천년을 지켜온 풍광의 감상에만 그치지 않고 '지금, 여기'의 현장성, 시시각각으로 일어나고 있는 동적인 흐름

까지 놓치지 않고 포착하여 시와 영상으로 합일하여 재현해 놓은 것은 가히 이 시화집의 백미가 아닌가 싶다.

맹숙영 시인이 이런 다이내믹한 접근법을 구사할 수 있었던 것은 빼어난 문학 감수성과 함께 가족들의 호흡일치도 큰 역할이 되었지 싶다. 해외 주재의 국제적 학자인 자제가 컨퍼런스를 다닐 때면 떨어져 있던 가족들이 현지로 이동하여 베이스캠프를 차리고 각자는 자신의 목표에 매진하는 방식이다. 깊은 기행시가 탄생하는 순간이다. 오래전 영국에서 자제와 자부가 모두 박사학위를 받던 때에도 이 가족은 동반하였고 시인은 한편의 시와 영상으로 이 감동을 책의 맨 나중에 겸손하게 감추어 내놓고 있다. 독자도 모름지기 동참하여 흥겹다. 원근법과 앵글의 각도에도 투영되어있는 사진기법 역시 예사 수준을 넘어서고 있다.

현대판 수렵채취의 시대에 빼어난 음유시인의 안내를 받으며 캐러밴 대장정에 나서서 호사하며 함께 여행하는 느낌을 감출 수 없다. 이번 기행시집 이후에도 시리즈를 계획하고 있다고 한다. 이어지는 대장정, 대항해에 기대를 함께한다.

김유조
(건국대 명예교수, 부총장 역임. 현 국제PEN 한국본부 부이사장)

해설

시와 사진의 앙상블

맹숙영의 여행詩와 사진 『여로, 황금 빛에 감기다』

김철교(시인, 평론가)

삶의 후반기에 여행을 즐기면서 여행기를 쓸 수 있다는 것은 큰 행복이다. 앞의 삶을 돌아보고, 주어진 남은 시간들을 어떻게 귀하게 보낼 수 있을지 정리하는 좋은 기회가 된다. 윌리엄 해즈릿은 「여행길 떠 나기(On Going A Journey)」 서두에서 "세상에서 가장 즐거운 일 중의 하나는 여행길을 떠나는 것이다."라고 말하고 있다. 로버트 루이스 스티븐은 「도보 여행(Walking Tours)」에서 "배낭을 어깨에 멜 때, 혹은 벗을 때 그 어느 쪽이 더 기쁜지 말하기는 어려울 것이다. 떠날 때의 마음 설레임이 곧 도착할 때의 흥분의 열쇠가 된다."라고 쓰고 있다. 참다운 여행법은 떠날 때의 설레임을, 여행에서 돌아와 정리하는 기쁨으로 마무리하는 것이리라.

여행은 삶의 지평을 넓혀주고 풍요롭게 한다. 젊어서 많은 경험 축적을 위해 세계 방방곡곡을 누빌 필요도 있지만, 인생 황혼기에 여유롭게 해외여행을 즐길 수 있는 건강과 경제적 여유는 큰 축복이다. 경제적 여유만 있다고 될 일이 아니다. 무엇보다 영혼의 감수성이 있어야 여행의 참맛을 느

길 수 있다. 맹숙영 시인은 그런 면에 있어서 하나님의 큰 축복을 받았다.

필자도 젊었을 때 회사에서 해외투자사업 업무를 담당했었기 때문에 해외시장조사를 많이 다녀 여기저기 많이도 쏘다녔다. 회사를 나와 대학 강단에 섰을 때는 미술과 문학에 관심이 많아 미술관과 유명한 작가들의 발자취를 더듬었고, 특히 기독교인으로서 신앙적으로 해결해야 할 문제가 있을 때 성지순례를 몇 차례 다녀왔다.

맹숙영 시인이 방문했던 곳에 대부분 필자도 발자국을 찍었기 때문에『여로, 황금 빛에 감기다』를 읽으며 새록새록 옛 기억이 되살아나 큰 감동을 받았다. 마음을 흔든 감흥을 시로 쉽게 풀어내고, 사진작가라고 해도 조금도 부족함이 없을 정도로 카메라 앵글도 정확하게 잡아 가히 완벽한 예술작품집이라 해도 손색이 없다. 시와 사진의 앙상블이다. 여행시는 쉽게 읽히면서 여행지에 대한 소개도 곁들여야 제맛이다. 여행시는 그림으로 치자면 추상화가 아니라 구상화라고 하겠다.

서양 문화의 뿌리라고 할 수 있는 것이 헤브라이즘과 헬레니즘이라고 할 수 있다. 많은 예술작품의 소재가 성경과 그리스 · 로마 신화에서 나왔다. 유럽은 이 두 문화의 그림자가 엉켜 있는 곳이다. 큰 틀에서 보면, 헬레니즘이 저물고 헤브라이즘이 융성했다가, 지금은 두 문화의 그림자가 뒤섞여 있는 곳이 유럽이 아닐까 싶다. 어쩌면 21세기에 들어서서는 잡신들이 횡행하는 헬레니즘이 더 승하다고도 할 수 있다. 코로나19로 심판을 받아 다시 헤브라이즘으로 시계추가 옮겨질 것으로 예상한다면 지나친 말일까? 물론 헬레니즘을 단순히 포스트모더니즘적 물질지상주의, 헤브라이즘을 정신지상주의로 보는 것도 너무 착시현상이라고 할 수 있을

지도 모르겠다.

맹시인의 사진과 글을 헤브라이즘, 헬레니즘, 예술여행, 명승여행, 가족여행에 초점을 맞추어 읽어보자.

1. 헤브라이즘의 빛

애절하고도 숭고한 사랑이여
고요와 평안으로 마침내
영혼의 바다에 빛으로 흐릅니다
- 「피에타 Pieta」 부분

시몬 베드로는
'주는 그리스도시오 살아계신
하나님의 아들'이라고 대답했네

'바요나 시문아 네가 복이 있도다
내가 천국열쇠를 네게 주겠다'하시며
베드로에게 천국열쇠를 건네주셨네
믿음이 내리는 아름다운 장면이네
- 「천국 열쇠」 부분

내려가 세상 빛이 차단된 곳
더 깊이 들어가 그곳에서
촛불을 켜고 예배를 드리도록 하자
갱도를 만들고 누군가 죽으면
묘소를 위해 양쪽 벽면을 파서 묻고

산자도 죽은 자도 어둠 속 함께 동거하자
세상과 단절된 돌무덤 속
무덤 밖으로 나갈 날은 언제일까
그 비밀한 날
당신만이 아십니다

- 「카테콤베 Catacombe」 부분

피에타는 자식에 대한 어머니의 사랑이 강조된 작품이다. 천사의 계시를 받아 성령으로 잉태한 어머니 마리아는 예수님이 하나님의 아들이며, 메시아이며, 죽음을 이기고 부활하리라는 것을 알면서도, 당장 아들의 죽음에 슬픔을 감출 수 없어 "애절하고도 숭고한 사랑"이라고 시인을 읊고 있다. 예수님을 인자人子 즉 사람의 아들로 성서에서 언급하고 있는 것은 예수님의 신성과 인성을 함께 가진 그리스도라는 사실을 말해주고 있다.

하나님이 분신인 아들을 인간의 몸으로 보내신 것은 죄의 늪에서 허덕이는 우리를 구원하시기 위함이다. 구약에서 말하고 있듯이 인간은 하나님을 직접 대면할 수 없다. 그래서 눈에 보이지 않는 하나님을 대신하여, 우상을 만들어 숭배함으로써 하나님으로부터 혼이 났다. 시내산에서 하나님을 만나러 간 모세가 오랫동안 내려오지 않고 있을 때에, 백성들의 아우성에 못이겨, 아론이 금송아지를 만들어 경배하게 했던 것이다. 인간은 뭔가 눈에 보이지 않는 것은 쉽게 믿을 수 없는 존재이다. 하나님이 예수님을 이 세상에 보내신 중요한 이유라 하겠다.

내가 정원에서 나무를 옮겨 심다가 개미집을 건드렸는데, 개미들이 우왕좌왕 어쩔 줄 모르고 있었다. 내 눈으로 보이는 개미집으로 가면 되는데도, 그들의 눈에는 당장 개미집이 보이지 않는 모양이다. 대부분의 인간들도 근시안적이어서 구원의 길로 인도하는 메시아의 존재를 알아보지 못한다.

맹숙영 시인의 「천국 열쇠」에서 볼 수 있듯이, 시몬 베드로는 하나님의 아들로 오신 예수님을 알아봤기 때문에 천국의 열쇠를 받게 되었다. "믿음이 내리는 아름다운 장면"이다.

人子 즉 사람의 몸으로 오신 하나님의 독생자인 예수 그리스도는 왜 사람의 몸으로 오셨을까? 그냥 전지전능하신 하나님의 능력으로 사람들이 하나님 뜻대로 살아지도록 하시면 되지 않았을까? 요즘 자주 내가 기도 속에서 하는 질문이다. 사실 하나님의 주권에 해당하는 것이니까 뭐라고 불평할 처지는 아니다. 우리가 알지 못하는 그 무엇, 신의 뜻을 '하나님의 주권'이라고 한다. 사실 지극히 부족한 우리 지혜로는 왈가왈부할 처지는 못된다. 무슨 뜻이 있으시겠지.

맹숙영 시인의 「카타콤베」에서 "무덤 밖으로 나갈 날은 언제 일까/ 그 비밀한 날/ 당신만이 아십니다"라고 읊은 것도 바로 그러한 하나님의 주권을 인정한 것이다. 기독교 탄압을 피해 카타콤베로 들어 간 사람들은 언젠가는 하나님께서 구해주시리라는 것을 믿고, 비록 "그 비밀한 날"은 모르지만 기다렸다. 우리가 지금-여기 이 세상에서 코로나19로 암울한 고난을 받고 있지만 언젠가는 구해주시리라는 것, 퇴치할 치료약과 피할 수 있는 백신을 준비해 두셨을 것을 믿는다.

2. 헬레니즘의 그림자

아크로폴리스 언덕 위

파르테논 Parthenon
기원 전 그리스 아테네 사람들
아테나 여신에게 바친 신전입니다
(중략)
인간들의 땅따먹기 전쟁에 신들은
어디로 숨어버렸는지 그 비밀한 일은
인간의 차원을 넘어서야 알 수 있을까

-「신들은 어디로 – Old Temple」 부분

불타는 붉은 입 속으로
폼페이 도시는 삼켜지고
광활한 폐허 만이
언제 무슨 일이 있었더냐는 듯
시치미를 떼고 의연하다

-「잃어버린 도시 2 – Pompeii」 부분

헬레니즘은 화려한 영광을 뒤로 하고 먼 역사속으로 사라진것처럼 보인다. "광활한 폐허 만이/ 언제 무슨 일이 있었더냐는 듯/ 시치미를 떼고 의연하다"인간은 하나님을 외면하고 나름대로 열심히 애를 썼지만, 하나님에게서 등을 돌리면 결국 심판을 피할 수 없다는 사실을 폼페이 유적지가 보여주고 있다. 구약에서 보면 인간은 끝없이 자신들이 뭔가를 하려고 노력하지만 그것이 하나님의 뜻에 어긋나면 결국 멸망에 이르게 되고, 다시 하나님을 향해 부르짖으면 회복시켜 주시는 것의 반복되는 역사다.

발굴된 유물들을 살펴보면 휘황찬란한 문화였음을 알 수 있다. 그러나 지금은 언제 그런 호화로운 삶이 있었냐는 듯 그저 화산폭발 당시 정지된 모습으로 우리에게 다가오고 있다. 폼페이 유적지에 많이 남아있는 벽화나 유물들을 보면, 번성했으나 문란했던 흔적을 볼 수 있다. 결국 심판을 받게 된 것이다. 인간은 부유하게 되면 하나님을 잊어버리고 마치 자기들의 능력으로 그 문명을 이룬 것으로 착각하다가 멸망하게 된다. 그리스-로마 문화의 유적들을 보면 여러 가지 잡신들을 숭배했던 흔적이 많다. 결국, 무너지고 지금은 폐허로 남아있는 것이다. 신약시대에 유명했던 터키의 많은 교회들이 지금은 폐허 속에 나뒹굴고 있는 것도, 교회도 하나님이 원하지 않는 방향으로 가면 무너질 수밖에 없다는 것을 보여주고 있다. 현재 화려한 한국교회에게도 시사하는 바가 크다.

그리스-로마의 화려한 헬레니즘 문화는 결국 화산폭발이라는 불의 심판과 전쟁에 의해 폐허로 변해, 어디로 숨었는지 골격만 웅대하게 남아있어 당시의 문화를 짐작케 할 따름이다. "인간들의 땅따먹기 전쟁에 신들은/ 어디로 숨어버렸는지 그 비밀한 일은/ 인간의 차원을 넘어서야 알 수 있을까"라는 시인의 질문에 대한 답이 될 수 있을까.

3. 예술여행

유럽의 수백만 여점의
미술품을 소장한
세계최대의 미술관이다

이 광장은 황제의 폭정에
시위를 한 수천명 민중의
평화적 항거가 있었다

군인의 집단 총격 난사에
수천 명의 피를 쏟은 참혹한
피의 일요일을 역사는
잊지 않고 기록하고 있다

- 〈겨울궁전〉 부분

역사의 아이러니라 할까. "군인의 집단 총격 난사에/ 수천 명의 피를 쏟은 참혹한/ 피의 일요일을 역사는/ 잊지 않고 기록하고 있다." 그 자리에 아름다운 그림들이 가득한 미술관이 서있다. 많은 관광객들이 피의 흔적들을 아는지 모르는지 그림 앞에서 사진을 찍고 감탄사를 연발하고 있다.

2월 혁명은 겨울궁전(지금의 에르미타슈 미술관)이 건설된지 6년 후인, 1917년에 러시아에서 일어났다. 러시아 황제 니콜라이 2세는 폐위되었고 제국은 멸망했다. 민중들은 극도의 생활고로 인해 혁명에 참여했다. 뭐니 뭐니해도 인간사회에서는 먹고사는 문제가 중요하다. 경제문제가 해결되고 나서야 정치안정과 문화융성이 뒤따른다. 대통령을 비롯한 지도자가 되겠다고 나서는 사람들이 유념해야 할 대목이다. 청빈낙도는 먹고살기에 급급한 서민들의 이야기가 아니라 의식주가 어느 정도는 해결된 사람들의 이야기라면 과장된 말일까?

건물자체가 호화로운 미술품이라 할 수 있는 〈에르미타슈 박물관〉은 1711년 건립된 겨울궁전이다. 독일인이지만 남편을 퇴위시키고 러시아의 황제가 된 예카테리나2세가 건설했다. 지금은 파리 루브르박물관, 영국 대영박물관과 함께 세계 3대 박물관으로 손꼽힌다. 소장품은 루브르나 대영박물관과 달리 모두 돈을 주고 산 것이라는 자부심을 가지고 있다. 미술관 1층은 주로 러시아를 비롯하여 고대 그리스, 로마, 이집트 문화 유물들이 전시되어 있고, 2층은 렘브란트의 〈돌아온 탕자〉, 레오나르도 다빈치의 〈리타의 성모〉 등이 유명하며, 3층은 마티즈의 〈춤〉, 고갱의 〈과일을 든 여인〉과 피카소의 작품 등이 전시되어 있다. 관광객의 발길이 가장 많이 머무는 그림은 렘브란트의 〈돌아온 탕자〉라고 한다. 필자도 방문할 때마다 큰 감흥을 얻고 시로 쓴 적이 있다.

4. 명승예행

해외여행의 주된 목적은 명승(경치가 아름다운 곳) 고적(옛 역사의 자취가 남아 있는 곳)을 탐사하는 것이라 하겠다. 성지순례도, 미술관순례 및 문학기행 등 예술가의 발자취를 더듬어 보는 것도, 휴식을 위한 관광도 한마디로 명승고적 탐사다. 그 중에도 휴식을 위해서는 명승지 탐방이 제일이다. 대개의 명승지에는 그곳과 관련된 전설들이 살아 숨쉬고 있다. 소렌토에는 시레나(혹은 세이렌) 요정이 등장한다. 필자도 두 번 방문한 적이 있는데 지금도 다시 가고 싶은 곳 중의 하나인 아름다운 곳이다.

항해 선원들 넋을 혼절시킨
소렌토에 살던 시레나 여신
아름답고 신비스런 소리와 함께
이미 전설이 되어 버렸지
가야 할 길 위해 루치아노 파바로티의
불멸의 테너 '돌아오라 쏘렌토'로 뒤로
점점 멀어지는 여행자의 발걸음

- 「사랑스런 소렌토」 부분

시레나는 섬에 선박이 가까이 다가오면 아름다운 노랫소리로 선원들을 유혹하여 바다에 뛰어드는 충동을 일으켜 죽게 만드는 요정들이다. 오디세우스는 시레나의 유혹을 이겨내기 위하여 부하들에게 자신의 몸을 돛대에 결박하고 어떤 일이 있어도 풀지 말라고 지시했다. 시레나의 고혹적인 노랫소리가 들려오자 오디세우스는 결박을 풀려고 몸부림쳤으나 귀마개를 쓴 부하들은 명령에 따라 더욱 단단히 결박하였다. 결국 항해는 계속되었고 노랫소리는 점점 약해져 시레나의 유혹으로부터 무사히 벗어나 섬을 지나갈 수 있었다. 예나 지금이나 어떤 남성도 아름다운 여성들의 고혹적인 노래에 굴복하지 않을 수 없으리라. 오디세우스가 영웅인 이유라 하겠다.

5. 행복한 가족여행

그때로부터 우리의 관계와 삶이 변화된
큰 비밀은 존경과 사랑
그 안에 있습니다

반백년 마디마디 각인된 나이테
세월이 앉았다 간 자국으로
이제는 희미해졌지만
아직도 나는 그 빛 아래
당신의 그림자 안에서
날마다 눈이 부십니다

-「당신」 부분

이 책의 마지막 부분에 실린 「당신」이라는 시는 절창이다. 부부의 사랑을 노래했겠지만, 하나님에 대한 사랑, 예수님에 대한 사랑으로까지 확대 해석할 수 있다. 좋은 시의 묘미는 사람마다 장소마다 시간마다 다양하게 해석할 수 있다는데 있다. 맹숙영 시인은 신약성서 예배소서 5장 32절을 각주로 달고 있는데 참고로 31절에서 33절까지 보면 다음과 같다. "그러므로 사람이 부모를 떠나 그의 아내와 합하여 그 둘이 한 육체가 될지니, 이 비밀이 크도다. 나는 그리스도와 교회에 대하여 말하노라. 그러나 너희도 각각 자기의 아내 사랑하기를 자신 같이 하고 아내도 자기 남편을 존경하라."라고 되어 있다.

"당신의 그림자 안에서/ 날마다 눈이 부십니다." 이 구절은 남편과 아내에게도 하나님과 나에게도, 예수님과 나에게도 적용될 수 있는 말이다.

이 시를 읽고 나도 이러한 사랑을 해야겠다고 돌아보는 좋은 기회가 되었다. 맹숙영 시인이 받고 있는 하나님 축복의 현장을 보는 것 같아 기뻤다. 이 책을 통해 보면, 맹 시인 가족은 모두 남의 부러움을 살만하다. 두 내외가 건강하게 해외여행을 할 수 있을 정도로 경제적인 여유도 있고, 아들 내외가 케임브리지대학 등에서 박사학위를 받은 수재들이다.

하나님의 가장 큰 축복은 무엇보다 부부가 건강하고 여유롭게 여행할 수 있고, 하나님 은총에 대한 믿음이 굳건하고, 자식들이 잘 되는 것이리라. 물론 세상살이에 크고 작은 어려움은 항상 있게 마련이지만, 그 어려움이 오히려 나중에는 더 큰 축복으로 돌아오는 것이 믿음의 가정에 주어지는 은총이다.

여로旅路, 황금빛에 감기다
– 맹숙영 포토시집

인 쇄 2021년 11월 15일
발 행 2021년 11월 19일

지은이 맹숙영
펴낸이 서정환
펴낸곳 신아출판사
주 소 서울시 종로구 삼일대로32길 36 운현신화타워 305호
전 화 (063) 275-4000, 252-5633
팩 스 (063) 274-3131
이메일 sina321@hanmail.net
출판등록 제465-1984-000004호
인쇄 · 제본 신아출판사

ISBN 979-11-5605-993-6 03810
값 18,000원

이 도서의 국립중앙도서관 출판예정도서목록(CIP)은 서지정보유통지원시스템 홈페이지(http://seoji.nl.go.kr)와 국가자료공동목록시스템(http://www.nl.go.kr/kolisnet)에서 이용하실 수 있습니다.

Printed in KOREA